Mi biblioteca de ciencias

Las plantas como alimentos, combustibles y medicinas

Julie K. Lundgren

T0204586

Editor del contenido científico:
Shirley Duke

Rourke
Educational Media

rourkeeducationalmedia.com

Teacher Notes available at
rem4teachers.com

Science Content Editor: Shirley Duke holds a bachelor's degree in biology and a master's degree in education from Austin College in Sherman, Texas. She taught science in Texas at all levels for twenty-five years before starting to write for children. Her science books include *You Can't Wear These Genes, Infections, Infestations, and Diseases, Enterprise STEM, Forces and Motion at Work, Environmental Disasters,* and *Gases.* She continues writing science books and also works as a science content editor.

www.rourkeeducationalmedia.com

The author also thanks Riley Lundgren for plant medicine ideas and support.

Photo credits: Cover © beboy, wong yu liang, fri9thsep, Incarnatus, Ninelle, Aron Brand, buriy; Pages 2/3 © fri9thsep; Pages 4/5 © Stubblefield Photography, Christopher Meder - Photography, ; Pages 6/7 © Fotofermer, Zhukov Oleg, Uryadnikov Sergey, gosphotodesign; Pages 8/9 © andras_csontos, Uryadnikov Sergey; Pages 10/11 © fri9thsep, wong yu liang, Madlen, Praveenp; Pages 12/13 © SeDmi, Gary Whitton, artiomp; Pages 14/15 © Maria Hetting, USDA, fotohunter; Pages 16/17 © James Steidl, U.S. federal government, Komar Maria; Pages 18/19 © Donna Smith Photography, rsfatt; Pages 20/21 © guentermanaus, Cheryl A. Meyer

Editor: Kelli Hicks

My Science Library series produced by Blue Door Publishing, Florida for Rourke Publishing. Editorial/Production services in Spanish
by Cambridge BrickHouse, Inc.
www.cambridgebh.com

Lundgren, Julie K.
Las plantas como alimentos, combustibles y medicinas / Julie K. Lundgren.
ISBN 978-1-63155-061-4 (hard cover - Spanish)
ISBN 978-1-62717-331-5 (soft cover - Spanish)
ISBN 978-1-62717-541-8 (e-Book - Spanish)
ISBN 978-1-61810-235-5 (soft cover - English)
Library of Congress Control Number: 2014941430

Printed in China, FOFO I - Production Company
Shenzhen, Guangdong Province

Also Available as:

ROURKE'S e-Books

Rourke
Educational Media

rourkeeducationalmedia.com

customerservice@rourkeeducationalmedia.com
PO Box 643328 Vero Beach, Florida 32964

Contenido

Plantas útiles

●●●●●●●●●●●●●●●●●●●●

Las primeras plantas de la Tierra vivían en los océanos. En los últimos 450 a 500 millones de años, desarrollaron formas que les permitieron vivir en tierra. Hoy en día, más de 300,000 plantas crecen en **ecosistemas** terrestres. Pueblan los desiertos secos y ásperos, los océanos embravecidos, las montañas escarpadas, las tundras heladas y todo lo demás.

Cada animal, como este pinzón del cactus, que come tallos de cactus, debe sortear las espinas puntiagudas.

Las plantas han desarrollado adaptaciones para vivir en diferentes ambientes. Los tallos de los cactus funcionan como almacenes de agua, mientras que sus hojas espinosas sirven como defensa contra los animales. Los helechos y los musgos se reproducen por medio de simples esporas que dependen del viento para su distribución, mientras que las plantas con flores tienen semillas con adaptaciones para ser distribuidas por animales. Utilizamos esta increíble **biodiversidad** de especies vegetales como alimentos, combustibles y medicinas.

Alimentando al planeta

Casi todas las cadenas alimentarias comienzan con las plantas, los productores primarios. Durante la **fotosíntesis**, las plantas verdes usan la **clorofila** para captar energía de la luz solar y la transforman en sus hojas y tallos en azúcares simples que utilizan para vivir y crecer. Esta energía capturada se mueve hacia arriba en la red alimentaria a medida que los animales se comen las plantas y los carnívoros se comen a los herbívoros.

En una cadena alimentaria simple, el conejo se come el diente de león, el productor primario, y a cambio se convierte en presa para animales como el águila.

Las águilas calvas comen sobre todo peces, pero también cazan aves acuáticas y conejos. Ellas también buscan oportunidades para robarle la comida a otros animales.

La mayoría de las personas comen tanto plantas como animales. Nuestros dientes comparten algunas características con los herbívoros, como las muelas para moler alimentos.

Los animales y las personas han aprendido qué plantas y qué partes de ellas se pueden comer con seguridad. Las madres orangután enseñan a sus bebés los lugares y los tiempos de recolección apropiados de más de 400 tipos de plantas. La gente también aprende de sus padres y otras personas cómo seleccionar, preparar y comer distintos alimentos.

Las frutas y las verduras proporcionan nutrientes importantes que la gente necesita para tener una buena salud. Por ejemplo, la vitamina A, en naranjas, mangos y verduras como las zanahorias, ayuda a que nuestros ojos vean los colores cuando hay poca luz. Las vitaminas del grupo B, encontradas en los vegetales frondosos y verdes como la espinaca y la col rizada, nos ayudan a producir energía y glóbulos rojos. Las naranjas, los tomates y las fresas son algunos alimentos que contienen vitamina C, importante para la curación de heridas y para combatir las infecciones.

La importancia de los distintos alimentos varía entre las culturas. La dieta depende de los **recursos** alimenticios disponibles, y las personas pueden darle mayor valor a alimentos vegetales poco comunes.

En Asia, algunas personas comen la hedionda, pero cremosa fruta durian. Como huele a alcantarilla, la han **prohibido** en algunas ciudades, en el transporte público y en los hoteles.

Tan grande como una pelota de fútbol americano, la fruta durian huele y luce amenazante.

¿Poner remolachas encurtidas en una hamburguesa? Muchos australianos lo recomiendan.

Los australianos les ponen remolacha encurtida y un huevo frito a las hamburguesas. Los holandeses comen las papas fritas con mayonesa, salsa de tomate, cebolla cruda y salsa de maní. Cuando la gente se muda a nuevos lugares, traen sus comidas tradiciones con ella. A muchos estadounidenses ahora les gustan los tacos y las enchiladas condimentadas con picante, traídas por la gente de México y América Central.

Café

En el sudeste asiático, las civetas de palma se comen la masa de los granos de café más selectos, pero no pueden digerir la dura semilla del centro. Después que los granos pasan a través del aparato digestivo de la civeta, la gente los recoge, los tuesta y los muele para hacer la más rara y costosa taza de café del mundo.

Los granjeros ahora crían a las civetas, o gato de Luwak, para producir un café especial.

Energizando el planeta

⬤⬤⬤⬤⬤⬤⬤⬤⬤⬤⬤⬤⬤⬤⬤⬤⬤⬤

Las personas utilizan plantas como combustible para el transporte y producir calor. La gente **quema** los **combustibles fósiles**, los depósitos subterráneos de carbón, petróleo y gas natural formados durante cientos de millones de años a partir de los restos de plantas y animales antiguos. La quema de los combustibles fósiles contamina la atmósfera de la Tierra con grandes cantidades de dióxido de carbono.

El carbón es un tipo de roca que se puede quemar. Aproximadamente la mitad de la electricidad producida en los Estados Unidos proviene del carbón.

Utilizamos combustibles fósiles cuando ponemos gasolina en nuestros coches, quemamos gas natural para calentar nuestras casas y quemamos carbón para producir electricidad.

La Tierra es calentada por el Sol y emite parte de esa energía en forma de radiación.

La energía solar del Sol atraviesa la atmósfera.

Atmósfera

Parte de la energía es reflejada al espacio.

Los gases de invernadero atrapan parte de la energía en la Tierra.

Los científicos saben que en la atmósfera superior, el dióxido de carbono y otros gases de efecto invernadero actúan como una manta, bloqueando el escape del calor de la Tierra hacia el espacio exterior. La vida en la Tierra depende de la retención de calor del Sol. Los investigadores han recolectado evidencias que demuestran que el aumento de los niveles actuales de estos gases ha inclinado la balanza, contribuyendo al calentamiento de la Tierra y del clima global.

Las plataformas petrolíferas marinas, que cuestan millones de dólares, bombean miles de galones de petróleo al día desde las grandes profundidades del océano.

¿Sabías que...?

El suministro de combustibles fósiles está limitado a los antiguos depósitos. Según los estimados actuales de muchos científicos, la gente usará todos los combustibles fósiles disponibles en un plazo de 40 a 70 años. Algunos combustibles fósiles seguirán existiendo, pero se ubicarán en lugares demasiado costosos como para ser sacados, tales como bajo el hielo polar o los fondos marinos muy profundos.

Los combustibles vegetales renovables pueden ayudar a resolver este problema. Si bien podemos quemar árboles como combustible y luego plantar más árboles, esto también produce dióxido de carbono.

El etanol, un combustible más limpio hecho de caña de azúcar y maíz, ha comenzado a reemplazar a los combustibles fósiles tradicionales como la gasolina. Debido a que el etanol proviene de cultivos alimentarios, algunas personas se preocupan de que los precios de estos alimentos aumenten y su disponibilidad se reduzca.

Podemos usar aceite de soja para hacer un combustible renovable de combustión mucho más limpia que la de los combustibles fósiles.

Las personas han desarrollado **prototipos** de vehículos que funcionan con aceite vegetal, mientras que otros han desarrollado un combustible para aviones hecho de azúcares de plantas. Los investigadores siguen en busca de nuevos combustibles asequibles que produzcan poca contaminación.

Curando al planeta

Muchos medicamentos provienen de las plantas. El gel enfriador dentro del Aloe Vera puede aliviar la piel quemada por el Sol y puede ayudar a sanar cortes menores. Un ingrediente en la corteza del sauce nos da un reductor de fiebre y dolor común, la aspirina. Taxol, es un anticancerígeno que proviene de la corteza del tejo del Pacífico.

Aspirina

Ácido acetilsalicílico

200 Tabletas
100 mg.

Un compuesto químico, que fue encontrado en la corteza del sauce hace más de 250 años condujo al desarrollo de la aspirina de hoy, ahora no se produce a partir del sauce, sino de materiales artificiales.

En los bosques de la región de Asia y el Pacífico Noroeste de los Estados Unidos, la gente cosecha corteza de tejo para hacer taxol. Los tejos crecen lentamente, así que debemos cuidarlos para que sobrevivan.

Planta de Aloe Vera

¿Has probado beber té de jengibre para el malestar estomacal? La gente pasa los **remedios** hechos de plantas de padres a hijos. Aprendemos sobre algunas plantas medicinales a través de la **etnobotánica**, el estudio de la cultura, tradiciones y costumbres con respecto a las plantas y sus usos. El remedio para enfermedades como la **malaria** provinieron de las culturas nativas.

Raíz de jengibre

América del Norte

Los pueblos nativos de América Central y América del Sur hacen medicinas y un colorante rojo usando las semillas del árbol de achiote.

Bosque del Amazonas

América del Sur

¿El curare cura?

Algunos cazadores nativos untaban las puntas de sus flechas con un veneno oscuro y pegajoso llamado curare. El estudio de muestras de curare dio lugar a nuevos medicamentos utilizados hoy en el mundo. Los médicos utilizan una medicina a base de curare para relajar los músculos del paciente durante la cirugía.

Hierba carmín

Diferentes partes de la misma planta pueden producir medicinas distintas. Los nativos americanos tradicionalmente utilizan las raíces, hojas y bayas de Phytolacca americana, una planta encontrada en el sureste de Estados Unidos, para tratar la artritis, el cáncer y hacer tinta y un colorante. Ahora, los investigadores están explorando las proteínas de sus semillas y hojas para su uso contra el VIH, un virus que ha afectado a más de 34 millones de personas en el mundo.

Al menos 400 culturas nativas únicas viven en la selva amazónica. Ellos tienen conocimientos sobre los poderes curativos de las plantas del bosque lluvioso y sobre su uso como medicamentos. Los etnobotánicos han aprendido de ellos durante muchos años y recogen muestras de plantas para estudiarlas.

El cambio de la tierra de bosque nativo a tierras de labranza destruye hábitats. Una vez que cambiamos el uso del suelo, es muy difícil restaurarlo a su condición original.

Los bosques lluviosos tropicales son el hogar de más de la mitad de las especies vegetales de la Tierra. Como la tala, la agricultura y otras consecuencias del "desarrollo" amenazan los bosques y a los pueblos indígenas que viven allí, los etnobotánicos intentan encontrar las plantas medicinales antes de que desaparezcan. Además de ayudar a mejorar la salud, descubrir plantas medicinales nuevas puede ayudar a detener la destrucción del bosque lluvioso y ayudar a las poblaciones locales a mantener su estilo de vida, mostrando la importancia de salvar las selvas tropicales.

Sin el trabajo que hacen las plantas durante la fotosíntesis, los animales y las personas no tuvieran alimentos. Sin la madera y el petróleo, muchos no tendrían calefacción. Y como botiquín de la naturaleza, ¡las plantas son las mejores! Sin plantas, la vida, tal y como la conocemos, sería imposible. La gente necesita los alimentos, el combustible y las medicinas que obtienen de las plantas para llevar una vida mejor y más saludable.

¡Participa!

Involúcrate en los esfuerzos de rescate de hábitats naturales en tu área. ¡Planta semillas de hierba y flores silvestres nativas!

Demuestra los que sabes

1. ¿Cuál es el plato más extraño que has comido? ¿Te gustó? ¿Provino de alguna planta?

2. Menciona algunas alternativas de los combustibles fósiles.

3. ¿Por qué la etnobotánica es importante para las personas y el planeta?

Glosario

biodiversidad: número de formas de vida en un hábitat o lugar

clorofila: sustancia colorante verde en las plantas que les permite absorber la luz solar y realizar la fotosíntesis

combustibles fósiles: energía almacenada formada hace millones de años por los restos de animales y plantas

ecosistema: relaciones de todas las plantas y animales con el lugar donde habitan

etnobotánica: el estudio de las diferentes culturas y sus relaciones con las plantas y sus usos, que conduce muchas veces al descubrimiento de nuevas medicinas o alimentos

fotosíntesis: proceso en que las plantas verdes absorben la energía solar, el dióxido de carbono y el agua y los transforman en oxígeno y un compuesto

malaria: enfermedad causada por parásitos portados por mosquitos que es especialmente dañina par a los niños

prohibido: algo fuera de la ley, que no se debe hacer

prototipo: modelo de prueba que no está en producción masiva

quema: proceso en que algo se enciende y se combustiona

recursos: suministros de materiales como alimentos y agua que están disponibles

remedios): tratamientos contra enfermedades y dolencias

Índice

Sitios de la internet

http://nccam.nih.gov/health/herbsataglance.htm

http://dnr.wi.gov/org/caer/ce/eek/earth/air/global.htm

www.ecokids.ca/pub/homework_help/index.cfm

Sobre la autora

Julie K. Lundgren ha escrito más de 40 libros de no ficción para niños. A ella le encanta compartir detalles sustanciosos sobre las ciencias, la naturaleza y los animales, sobre todo si son un poquito desagradables. A través de su trabajo, ella espera que los niños aprendan que la Tierra es asombrosa y que los jóvenes pueden hacer la diferencia en mantenerla sana. Ella vive en Minnesota con su familia.

¡Pregúntale a la autora!
www.rem4students.com